Emmanuel

Pensamientos sobre Jesucristo

Dios con nosotros

Hansruedi Tremp

Segunda Edicion

Información bibliográfica de la Biblioteca de Alemania.

La Biblioteca de Alemania registra esta publicación en la Bibliografía nacional de Alemania; los datos bibliográficos detallados se pueden consultar en el internet bajo http://dnb.dnb.de.

Bibliografische Information der Deutschen Nationalbibliothek:

Die Deutsche Nationalbibliothek verzeichnet diese Publikation in der Deutschen Nationalbibliografie; detaillierte bibliografische Daten sind im Internet über http://dnb.dnb.de abrufbar.

© 2017 Hansruedi Tremp

Producción y editorial / Herstellung und Verlag

BoD – Books on Demand, Norderstedt

ISBN: 978-3-7412-2392-1

Contenido

Contenido I

Bienvenido 1

1 El Logos estaba con Dios 2
  1.1 El misterio de la Trinidad   2
  1.2 El eterno Logos   5
  1.3 El ángel del Señor   8
  1.4 Divinidad de Jesucristo   9
    1.4.1 Mensajes o alocuciones directas   10
    1.4.2 Uso de nombres divinos del AT   12
    1.4.3 Atributos divinos   13
    1.4.4 Declaraciones del AT   15
  1.5 Resumen   19

2 El Logos se hizo carne 23
  2.1 Nacido de la Virgen María   23
  2.2 Cuatro informes evangélicos   29
  2.3 Hijo de Dios   31
  2.4 Hijo del Hombre   34
  2.5 Hijo de David   38
  2.6 Jesucristo: una Persona - dos Naturalezas   39
  2.7 ¿Por qué el Logos tuvo que hacerse hombre?   44
  2.8 Resumen   47

Nombres y Títulos de Jesús 50

Abreviaturas de los libros bíblicos 52

Bienvenido

Este breve librito fue hecho en forma de foro de discusión acerca de la persona de Jesucristo. ¿Quién es El en verdad? Una pregunta que hace siglos fue discutida de una manera emocional y con mucha controversia. Aun hoy día en ciertos lugares del mundo responder públicamente a esta pregunta puede ser peligroso. Como van a notar en las respuestas dadas aquí a las preguntas, el autor está convencido de que estas verdades sobrepasan nuestra mente limitada. Nuestro horizonte para investigar está limitado por el tiempo y espacio. Por ello nos basamos en las Sagradas Escrituras de la Cristiandad en las cuales Dios el creador del universo se reveló a la humanidad. Nuestra argumentación se basa por consiguiente en los 66 libros que fueron transmitidos desde la antigüedad de una manera sorprendente. Otros libros tratan sobre la inspiración y fidelidad de la Biblia y no voy entrar en más detalles acerca de ello. Me alegro que usted forme parte de las charlas siguientes.

La meta es reflexionar sobre las verdades más profundas en nuestra vida. Mi oración es que usted pueda abrir el corazón a esta persona tan maravillosa que es Jesucristo. Estoy siempre abierto para sugerencias.

Suiza, en la primavera del 2017

Hansruedi Tremp M.A., MABTS

www.nuevavida.ch - hansrued.tremp@intelsoft.ch

Este librito se puede adquirir en forma de e-book por ejemplo en amazon.com.

1 El Logos estaba con Dios

Lectura de la Biblia:
Génesis 1, Juan 1, Colosenses 1, Hebreos 1

*Haya, pues, en vosotros esta actitud que hubo también en Cristo Jesús, el cual, aunque **existía en forma de Dios**, no consideró el **ser igual (gr. iso) a Dios** como algo a qué aferrarse, sino que se despojó a sí mismo tomando forma de siervo, haciéndose semejante a los hombres. Y hallándose en forma de hombre, se humilló a sí mismo, haciéndose obediente hasta la muerte, y muerte de cruz. Por lo cual Dios también le exaltó hasta lo sumo, y le confirió el nombre que es sobre todo nombre.[1] Flp[2] 2:5-9*

*En el principio existía el Verbo (gr. logos), y el Verbo estaba con Dios, y **el Verbo era Dios**. Jn 1:1*

Los versículos anteriores son el comienzo de la primera ronda de discusión. Estos dos pasajes bíblicos dan pie a una sencilla pero provocadora tesis:

Jesucristo, como segunda persona de la divina Trinidad, existe desde la eternidad.

1.1 El misterio de la Trinidad

Minerva, nuestra inteligente colega, formula a la ronda la primera pregunta: «Nosotros leemos en el así llamado She-

---

[1] Los textos de la Biblia son de acuerdo a la Biblia de las Américas, Lockman Foundation (/www.lockman.org/lbla/).

[2] Vea las abreviaciones de los libros de la Biblia al final de este librito.

má Israel[3] que Dios es uno. ¿Cómo puede haber varias personas en la Divinidad?»

Timoteo, mi compañero, intenta unir un par de ideas sobre este tema nada sencillo: «Dios es. No tiene principio ni fin. Está muy encima de nosotros y sin su revelación no podríamos conocerlo. La buena nueva (el evangelio) es que Él se nos ha revelado:

> *Dios, habiendo hablado hace mucho tiempo, en muchas ocasiones y de muchas maneras a los padres por los profetas, en estos últimos días **nos ha hablado por su Hijo**, a quien constituyó heredero de todas las cosas, por medio de quien hizo también el universo. El es el resplandor de su gloria y la expresión exacta de su naturaleza, y sostiene todas las cosas por la palabra de su poder. Heb 1:1-3a*

La traducción del Shemá Israel en Deut 6:4 representa un cierto desafío, tal como lo muestran las diferentes traducciones de la Biblia:

> *Escucha, oh Israel,*
>
> *el Señor es nuestro Dios, el Señor uno es. (Biblia de las Américas)*
>
> *Yahveh, nuestro Dios, Yahveh uno es. (Reina Valera 1995)*
>
> *El Señor nuestro Dios es el único Señor. (Dios habla hoy)*
>
> *Nuestro único Dios es el Dios de Israel. (Traducción en lenguaje actual)*

El cristianismo es monoteísta[4], o sea, creemos en **un solo** Dios. En esto son claros tanto el AT[5] como el NT[6]. El Shemá Israel expresa esto, pero no da información sobre cómo está

---

[3] Del hebreo sch'ma (escucha, oye), vea Deut 6:4.

[4] Del griego: monos - uno; theos - Dios

[5] Antiguo Testamento

[6] Nuevo Testamento

constituido Dios internamente. Lo que expresa es que no hay otro Dios que no sea Yahveh[7], existe solo Él y es único. Pero la Escritura muestra, desde el relato de la Creación hasta el Apocalipsis, que hay una pluralidad en la Divinidad:

Y dijo Dios: **Hagamos** *al hombre a* **nuestra** *imagen, conforme a* **nuestra** *semejanza. Gén 1:26a*

Yo soy el Alfa y la Omega, el primero y el último, el principio y el fin. Ap 22:13[8]

A través de Jesucristo, Dios se ha vuelto visible y tangible. Dios se nos ha revelado en tres hipóstasis[9], las cuales se penetran mutuamente pero existen independientemente en la Personalidad, que conviven en perfecto amor y armonía:

- Dios Padre, el que envía
- Dios Hijo, el Logos (expresión), el Enviado
- Dios Espíritu Santo

La representación siguiente intenta hacer un poco más fácil de entender esto, que para nosotros es en verdad inentendible:

---

[7] El tetragrama (una palabra de 4 consonantes) hebreo no contiene originalmente vocales. La vocalización fue hecha bajo la pronunciación de Adonaí (Señor) en vez de Yahveh. Por ello algunos piensan que se llama Jehovah.

[8] Esto dice Jesucristo de sí mismos. Exactamente lo mismo dice Yahvé en I AT en Isaías 41:4.

[9] Esto es una expresión que viene del griego. Expresa lo especial de las personas divinas que tienen parte en la misma esencia divina, pero siguen siendo personalidades distintas, los cuales se penetran en espíritu, se comunican entre sí y se aman.

En las discusiones que siguen nos concentraremos especialmente en el Logos, la segunda persona de la Divinidad, que se hizo hombre en Jesucristo (véase Sal 2:7) y nos ha mostrado al Padre por su intermedio (véase Jn 14:8-10).»

1.2 El eterno Logos

Escéptico, nuestro compañero de discusión que indaga todo con espíritu crítico, contradice la postura de una preexistencia eterna de la Persona de Jesucristo: «Ya en los primeros tiempos del cristianismo estaba Arrio[10], quien demostró que el Logos y el Padre no eran consustanciales. Decía que al principio el Logos fue creado por del Padre y que hubo un tiempo en el que no existía.»

Escolástico[11], mi compañero de ruta en la fe, toma ahora la palabra: «La disputa con el arrianismo fue en verdad uno de los puntos de conflicto cristológico más agudos. Sin embargo, una comparación de los primeros escritos de los Padres

---

[10] vivió 250-335 d.C, un presbítero en Alejandría, Egipto.

[11] del latín: alumno, estudiante

de la Iglesia de los siglos II y III, o sea, anteriores a Arrio, muestra a las claras que se consideraba que la Persona de Jesús tenía una existencia previa y consustancial con Dios Padre. El Logos de Dios es la expresión de la sustancia de Dios, tanto en palabras y hechos, en la creación, como también en su conservación. Dios Padre vive en una luz inaccesible (1 Tim 6:16) y ningún hombre puede verlo. Dios se ha mostrado en el Logos.

En el principio creó Dios (Elohim) los cielos y la tierra. Gén 1:1

Los nombres de Dios como Elohim y Adonaí en el AT hebreo están gramaticalmente en plural. Esto expresa, por un lado, el respeto por aquel a quien se habla. Por otro lado, podemos ver desde el punto de vista del NT, la pluralidad en la Divinidad. En algunos pasajes, los autores de inspiración divina han empleado en el AT también el plural en el verbo:

*Y dijo Dios: **Hagamos** al hombre a nuestra imagen, conforme a nuestra semejanza. Gén 1:26a*

Así como Dios forma una Trinidad de Padre, Hijo (Logos) y Espíritu Santo, de tal manera los hombres fuimos creados con espíritu, alma y cuerpo (véase 1 Tes 5:23). Así como el espíritu, el alma y el cuerpo se penetran mutuamente y visto desde afuera forman una unidad, así también ocurre con Dios.

*En el principio existía el Verbo, y el Verbo estaba con Dios, y el Verbo era Dios. El estaba en el principio con Dios. **Todas las cosas fueron hechas por medio de Él**, y sin El nada de lo que ha sido hecho, fue hecho. **En Él estaba la vida**, y la vida era la luz de los hombres. Y la luz brilla en las tinieblas, y las tinieblas no la comprendieron. Jn 1:1-5*

Juan expresa con palabras sencillas las verdades más profundas. Desde la eternidad, el Logos de Dios era, como la segunda Persona en la Divinidad, con Dios Padre. Gramaticalmente, la segunda parte del versículo 1 puede traducirse como "el Verbo era *un* Dios". Sin embargo, el contexto del monoteísmo universal desde Génesis 1 nos prohíbe un texto engañoso como este. De lo contrario, derivaríamos en un politeísmo, o sea Dios Padre como Dios Supremo y el Logos como Dios Inferior. Juan nos señala con claridad que el Logos se expresa en toda la acción creadora. Solo Dios puede dar vida y solo en Él está la vida. Otra señal clara de que entre Dios Padre y el Logos no hay una diferencia de rango.

El (Jesucristo) es la imagen del Dios invisible, el primogénito de toda creación. Porque en Él fueron creadas todas las cosas, tanto en los cielos como en la tierra, visibles e invisibles; ya sean tronos o dominios o poderes o autoridades; todo ha sido creado por medio de Él y para Él. Col 1:15-17

La relación Padre-Hijo solamente puede entenderse si hacemos una mirada retrospectiva de la Eternidad a través de la encarnación del Verbo (Logos) Divino. El Espíritu de Dios habla proféticamente de los acontecimientos venideros en Nazaret:

Ciertamente anunciaré el decreto del Señor que me dijo: "Mi Hijo eres tú, yo te he engendrado hoy." Sal 2:7

*Porque ¿a cuál de los ángeles dijo Dios jamás: Hijo mío eres tú, yo te he engendrado hoy; y otra vez: Yo seré Padre para Él, y Él será Hijo para mí? Y de nuevo, cuando trae al Primogénito al mundo, dice: Y **adórenle** todos los ángeles de Dios. Heb 1:5-6*

En el próximo capítulo nos aproximaremos más a la humillación del Logos en la encarnación. En el segundo mandamiento, Dios prohíbe expresamente realizar cualquier imagen de Él. Esta orden puede entenderse mejor en relación con Jesús-Hombre. Sucede que Él es la imagen (viva imagen) del Dios eterno e invisible a los hombres.»

1.3 El ángel del Señor

Aquí interviene nuestro otro compañero de discusión, Agnóstico[12]: «Pero en el AT no puedo ver nada de Jesús o del ya mencionado Logos. Eso es mera especulación cristiana y no conocimiento cierto.»

Verídico[13], mi confidente, toma ahora la palabra: «Aclaremos juntos esta cuestión. ¿Se ha manifestado el Logos en el AT?

*Por tanto, hermanos santos, participantes del llamamiento celestial, considerad a Jesús, **el Apóstol**[14] y Sumo Sacerdote de nuestra fe. Heb 4:1*

El Logos es el apóstol, lo que, traducido del griego, significa enviado. Siempre tenía un mensaje de Dios, con lo cual era mensajero o, si lo traducimos también del griego: el ángel del Señor[15]. Así, detrás de cada manifestación visible de Dios, llamada también teofanía según la terminología teológica, está el Logos, la expresión de Dios: el contexto de los siguientes pasajes bíblicos indica claramente que las manifestaciones **del ángel del Señor** eran manifestaciones de Dios:

- Encuentro con Agar: Gén 16:7-11
- Diálogo con Abraham: Gén 18:1ss
- Lucha con Jacob: Gén 32:25-33
- Mandato a Moisés desde la zarza ardiente: Éx 3:2
- El camino bloqueado a Balaam: Núm 22:31-35
- Encuentro de Josué con el Príncipe del ejército de Yahveh: Jos 5:13-15

---

[12] derivado del griego: no - saber

[13] derivado del latín: el verdadero, el que ama la verdad

[14] gr. apostolos: el enviado, el mensajero, sinónimo al gr. angelos, ángel

[15] gr. angelos kyrie, así es nombrado en la LXX (Septuaginta, la traducción del AT al griego)

- Reproche al pueblo de Israel en Gilgal: Jue 2:1-5
- Llamamiento de Gedeón: Jue 6:11-24
- Anuncio del nacimiento de Sansón: Jue 13:3-22
- Diálogo con el abatido Elías: 1 Re 19:5-18
- El acompañamiento de los tres amigos de Daniel en el horno: Dan 3:25
- La cuarta visión nocturna de Zacarías: Zac 3:1-10

En todas estas manifestaciones, el Logos tomó el aspecto de un ángel, parcialmente en forma de un hombre, pero sin encarnarse en un hombre. Era solo una manifestación. La magnificencia y el esplendor de Dios quedaban ocultos para esa manifestación.

Al comparar las teofanías (apariciones de Dios) en esplendor y magnificencia en los profetas del AT con la visión del Jesucristo glorificado de Apocalipsis 1:10-18 se evidencia una sorprendente coincidencia. Si bien nuestro punto de vista es limitado, sobre la base de este hecho podemos decir que el "agente" divino[16] en todas estas manifestaciones era el Logos, o sea, la segunda Persona de la Divinidad:

- Isaías 6:1-7
- Ezequiel 1:26-28
- Daniel 10:5-9»

1.4 Divinidad de Jesucristo

Liberio, nuestro compañero de discusiones partidario de una forma de pensar libre, objeta enérgicamente: «¡Jesús jamás afirmó de sí mismo que fuera Dios! Siempre dijo ser Hijo de Dios, pero no Dios mismo.»

Severo, mi querido compañero de discusiones, con sus argumentos siempre serios y escrupulosos, interviene: «La

---

[16] el enviado, el encargado

evidencia de la divinidad y, por lo tanto, la preexistencia eterna de la persona de Jesucristo en el Logos, la segunda hipóstasis de Dios, consustancial con Dios Padre, se puede explicar a lo largo de varias líneas de argumentación:

- Mensajes o alocuciones directas
- Uso de nombres divinos del AT
- Atributos divinos
- Declaraciones acerca de Dios del AT

1.4.1 Mensajes o alocuciones directas

Profecías en el AT

Del contexto del NT y de los primeros escritos de los Padres de la Iglesia parece seguro que para los primeros cristianos era obvio que Jesús reunía ambas naturalezas en sí mismo, o sea, la humana (100%) y la divina (100%).

El mensaje profético de Isaías apunta directamente al milagro de la presencia inmanente[17] del Dios trascendente[18]:

*He aquí, una virgen concebirá y dará a luz un hijo, y le pondrá por nombre **Emmanuel**[19]. Is 7:14b*

Esta profecía fue aplicada en Mateo 1:20-23 al Señor Jesús. Los versículos proféticos de Isaías 9 sobre el Mesías[20] contienen expresiones notables sobre Su divinidad:

Porque un niño nos ha nacido, un hijo nos ha sido dado, y la soberanía reposará sobre sus hombros; y se llamará su

---

[17] a este lado, tangible para nosotros

[18] refiriéndose al más allá, no se puede captar con nuestros 5 sentidos

[19] significa en hebreo: Dios con nosotros

[20] del hebreo mashiach: ungido; los reyes, sacerdotes y profetas fueron ungidos durante el tiempo del AT

*nombre Admirable Consejero, **Dios Poderoso**, **Padre Eterno**, Príncipe de Paz. El aumento de su soberanía y de la paz no tendrán fin sobre el trono de David y sobre su reino, para afianzarlo y sostenerlo con el derecho y la justicia desde entonces y para siempre. El celo del Señor de los ejércitos hará esto. Is 9:6-7*

Este niño es Jesucristo. El por consiguiente es Dios poderoso y el originador del tiempo que va durar eternamente lo que significa "Padre eterno o Padre de la eternidad".

Juan

Como ya se ha mencionado, Juan apunta en su primer versículo directamente a la divinidad: "... y el Logos (el Verbo) **era Dios**". Tomás, el discípulo "incrédulo", expresó de forma totalmente espontánea, en relación con el reconocimiento de la divinidad de Jesús 8 días después de Su resurrección:

*Respondió Tomás y le dijo: ¡Señor mío y **Dios mío**! Jn 20:28*

Juan dice, al finalizar su primera epístola, que con la llegada de Jesús ha llegado y se ha dado a conocer Dios mismo, el Verdadero, lo cual concuerda con Juan 14:9 y Colosenses 1:15:

*Y sabemos que el Hijo de Dios ha venido y nos ha dado entendimiento a fin de que conozcamos al que es verdadero; y nosotros estamos en aquel que es verdadero, en su Hijo Jesucristo. Este es **el verdadero Dios** y la vida eterna. 1 Jn 5:20*

Pablo

Pablo señala en el versículo citado al inicio, Filipenses 2:6, que Jesucristo era en forma de Dios y es **igual a Dios** (gr. isos - idéntico). El despojarse de sí mismo se evidencia precisamente en que Él, que es Dios, adquiere aspecto humano. En la epístola a los Romanos, Pablo comienza una doxología[21] en la que denomina a Jesucristo como Dios eterno:

*... Cristo, el cual está sobre todas las cosas, **Dios bendito** por los siglos. Amén. Rom 9:5b*

En la epístola a Tito, Pablo también es muy explícito y usa, además, el título de Salvador, que estaba reservado a Yahveh en el AT:

Yo, yo soy el Señor, y fuera de mí no hay salvador. Is 43:11

*... aguardando la esperanza bienaventurada y la manifestación de la gloria de nuestro **gran Dios y Salvador** Cristo Jesús, Tit 2:13*

Pedro

En la salutación de la segunda epístola, también Pedro denomina a Jesucristo directamente Dios:

*Simón Pedro, siervo y apóstol de Jesucristo, a los que han recibido una fe como la nuestra, mediante la justicia de nuestro **Dios y Salvador, Jesucristo**: 2 Pe 1:1*

1.4.2 Uso de nombres divinos del AT

El NT aplica expresiones del AT directamente a Jesús. A continuación se citan dos pasajes de los Salmos con las correspondientes aplicaciones en el NT:

Tu trono, oh Dios (hebr. Elohim, se refiere a Dios Hijo), es eterno y para siempre; cetro de equidad es el cetro de tu reino. Has amado la justicia y aborrecido la iniquidad; por tanto Dios (hebr. Elohim, se refiere aquí a Dios Padre), tu Dios (hebr. Elohim, aquí en el sentido de superior, padre), te ha ungido con óleo de alegría más que a tus compañeros. Sal 45:6-7

---

[21] alabanza, adoración, elevación

> Pero **del Hijo dice:** *Tu trono, oh **Dios**, es por los siglos de los siglos, y cetro de equidad es el cetro de tu reino. Has amado la justicia y aborrecido la iniquidad; por lo cual Dios, tu Dios, te ha ungido con oleo de alegría más que a tus compañeros.* Heb 1:8-9

> *Dice el Señor (Yahveh, refiriéndose a Dios Padre) a mi Señor (Adonaí, refiriéndose a Dios Hijo): Siéntate a mi diestra, hasta que ponga a tus enemigos por estrado de tus pies. El Señor extenderá desde Sion tu poderoso cetro, diciendo: Domina en medio de tus enemigos.* Sal 110:1

> *Estando reunidos los fariseos, Jesús les hizo una pregunta, diciendo: ¿Cuál es vuestra opinión sobre el Cristo? ¿De quién es hijo? Ellos le dijeron: De David. El les dijo: Entonces, ¿cómo es que David en el Espíritu le llama "Señor", diciendo: "Dijo el Señor a mi Señor: 'siéntate a mi diestra, hasta que ponga a tus enemigos debajo de tus pies'"? Pues si David le llama "Señor", ¿cómo es El su hijo?* Mt 22:41-45

Al reflexionar sobre este pasaje, los fariseos deberían haber reconocido el plural en la Divinidad. Dios Padre hablaba proféticamente sobre Dios Hijo. Al mismo tiempo, Jesús es, en tanto hombre, descendiente de David (véase Lucas 3:23-31). Siendo hombre y Dios, Jesucristo es hijo de David y al mismo tiempo hijo de Dios. Tras haber finalizado su tarea de expiación, Jesucristo fue elevado sobre todas las cosas y será visible para todos algún día cuando venga como Rey de Reyes, según Apocalipsis 19:16.

1.4.3 Atributos divinos

La obra de Jesús muestra una y otra vez que podía actuar por sí solo. Por supuesto, Su acción fue siempre en plena conformidad con el Padre. Pero Jesús no obraba a través del poder y la autoridad que se le habían delegado, sino en sus propios atributos divinos. Demostró así su propia gloria para que los discípulos creyeran en Él (véase Jn 2:11). Parece contradictorio: Jesucristo está limitado en su naturaleza humana y al mismo tiempo no hay limitaciones en su naturaleza divina. Él es el Eterno en quien habita la plenitud de Dios, según Colosenses 2:9. Los siguientes atributos valen solamente para Jesucristo como Dios:

- **Omnipotencia** - Él puede todo
    - Mt 8:26-27: Apaciguamiento de la tempestad
    - Jn 2:1-11: Transformación del agua en vino
    - Mc 7:31-37: Curación de un sordomudo
    - Jn 11:39-45: Resurrección de Lázaro
    - Mt 28:18: Jesús dice: "Toda potestad me es dada en el cielo y en la tierra".
- **Omnisciencia** - Él sabe todo
    - Jn 1:48: Jesús sabía lo que hizo Natanael
    - Mc 2:8: Jesús conocía lo que pensaban los hombres
    - Jn 6:64: Jesús sabía de antemano quién lo traicionaría
    - Jn 21:17: Pedro dice: "¡Señor, tú sabes todo!"
- **Omnipresencia** - Él está en todos los lugares al mismo tiempo
    - Mt 18:20: Siempre que se reúnan dos o tres en el nombre de Jesús, Él estará entre ellos.
    - Mt 28:20: Jesucristo nos ha prometido estar con nosotros hasta el fin del mundo.
- **Soberanía divina**
    - Mc 2:5-7: Jesús podía perdonar por sí mismo, lo cual entraba en clara contradicción con los fariseos y los escribas.
    - Mt 5-7: En el Sermón del Monte podía decirles: "Pero yo les digo... ".
- **Adoración divina**

- o Lc 24:52/Mt 28:17: Los discípulos se postran ante Jesús resucitado.
- o Heb 1:6: Los ángeles deben adorar a Jesús.
- o Ap 5:12: El Resucitado es adorado como el Cordero inmolado en contraste con la prohibición del ángel de ser adorado por Juan (Ap 19:10)
- **El Eterno, Inmutable**
  - o Heb 13:8: *"Jesucristo es el mismo ayer, y hoy, y por los siglos."*
  - o Ap 1:8: *"Yo soy el Alfa y la Omega, principio y fin, dice el Señor, el que es y que era y que ha de venir, el Todopoderoso."*

1.4.4 Declaraciones del AT

En este párrafo comparamos versículos del AT que se refieren claramente a Dios y que en el NT son plenamente aplicados a Jesucristo.

El que ha de venir

Juan el Bautista era el heraldo[22] del Mesías que anunciaban los Profetas:

*Una voz clama: Preparad en el desierto camino **al Señor (Yahveh)**; allanad en la soledad calzada para **nuestro Dios**. Todo valle sea elevado, y bajado todo monte y collado; vuélvase llano el terreno escabroso, y lo abrupto, ancho valle. Entonces será revelada la gloria del Señor, y toda carne a una la verá, pues la boca del Señor ha hablado. Is 40:3-5*

---

[22] El mensajero de la corte que se adelantó a la venida del rey. El propósito era de preparar todo, para que esté apto para la majestad.

*He aquí, yo envío a mi mensajero, y él preparará el camino delante de mí. Y vendrá de repente a su templo **el Señor** a quien vosotros buscáis; y el mensajero del pacto en quien vosotros os complacéis, he aquí, viene —dice el Señor (Yahveh) de los ejércitos. Mal 3:1*

En el NT se citan estos pasajes (por ejemplo, en Lucas 3:3-6) para anunciar la llegada de Jesucristo por medio de Juan el Bautista. El que había de venir no es otro que Dios, el mismo Yahveh.

El "Yo Soy"

La identificación de Jesús con Dios mismo está dada en el profundísimo nombre **"Yo soy"**. Esta expresión denota en hebreo al que es eternamente: Dios era, es y será por siempre.

*Entonces dijo Moisés a Dios: He aquí, si voy a los hijos de Israel, y les digo: "El Dios de vuestros padres me ha enviado a vosotros," tal vez me digan: "¿Cuál es su nombre?", ¿qué les responderé? Y dijo Dios a Moisés: YO SOY EL QUE SOY. Y añadió: Así dirás a los hijos de Israel: "**YO SOY** me ha enviado a vosotros." Éx 3:13-14*

*Vuestro padre Abraham se regocijó esperando ver mi día; y lo vio y se alegró. Por esto los judíos le dijeron: Aún no tienes cincuenta años, ¿y has visto a Abraham? Jesús les dijo: En verdad, en verdad os digo: antes que Abraham naciera, **yo soy**. Entonces tomaron piedras para tirárselas, pero Jesús se ocultó y salió del templo. Jn 8:56-59*

Jesucristo es el mismo ayer y hoy y por los siglos. Heb 13:8

Quienes escuchaban a Jesús Le entendían muy bien. Se identificaba con Yahveh y de este modo decía inequívocamente: "Yo soy Dios". Es por ello que los judíos querían lapidarlo.

El pastor

La imagen del **pastor** está presente en toda la Biblia, desde Abel, pasando por Abraham, Moisés, David, etc. Dios se presenta como pastor para su pueblo (véase Sal 23; 80; 95:7; Jer 31:10; Is 40:11). A su vez, Jesús dice claramente de sí mismo que es el buen pastor. Compare las dos citas del AT y NT:

> *El Señor (Yahveh) es mi pastor, nada me faltará. Sal 23:1*

> *Yo soy el buen pastor; el buen pastor da su vida por las ovejas. ... Yo soy el buen pastor, y conozco mis ovejas y las mías me conocen, Jn 10:11;14*

El Primero y el Último

En el AT, Dios se ha presentado siempre como el Universal, como origen o principio y fin o culminación, la meta de toda la historia.

> *Así dice el Señor (Yahveh), el Rey de Israel, y su Redentor, el Señor de los ejércitos: "**Yo soy el primero y yo soy el último**, y fuera de mí no hay Dios." Is 44:6*

> *He aquí, yo (Jesucristo) vengo pronto, y mi recompensa está conmigo para recompensar a cada uno según sea su obra. Yo soy el Alfa y la Omega, **el primero y el último**, el principio y el fin. Ap 22:12-13*

La consustancialidad entre Dios y Jesucristo queda clara en la comparación intertextual de los versículos del Apocalipsis y la comparación intertextual entre Isaías 44:6 y Apocalipsis 22:13.

Dios (Yahvé, Elohim) es	Jesucristo es
Is 44:6b el Señor todopoderoso dice: «Yo soy el primero y el último; fuera de mi no hay otro dios.»	Ap 1:17; 2:8 Primero y último Ap 22:13 Alfa y Omega, principio y fin, primero y último

Ap 1:8; 21:6 Alfa y Omega
Ap 21:6 Principio y fin

La luz

La luz ilumina la oscuridad y hace posible que haya vida tanto natural como espiritual. Dios es la fuente original de toda luz:

Entonces dijo Dios: Sea la luz. Y hubo luz. Gén 1:3

Porque en ti está la fuente de la vida; en tu luz vemos la luz. Sal 36:10

Jesucristo es la luz espiritual que ha llegado a esta oscuridad:

En Él estaba la vida, y la vida era la **luz** *de los hombres. Y la luz brilla en las tinieblas, y las tinieblas no la comprendieron. Vino al mundo un hombre enviado por Dios, cuyo nombre era Juan. Este vino como testigo, para testificar de la luz, a fin de que todos creyeran por medio de él. No era él la luz, sino que vino para dar testimonio de la luz. Existía la luz verdadera que, al venir al mundo, alumbra a todo hombre. Jn 1:4-9*

Jesús les habló otra vez, diciendo: **Yo soy la luz del mundo***; el que me sigue no andará en tinieblas, sino que tendrá la luz de la vida. Jn 8:12*

Dios vive en una luz inaccesible que se ha vuelto accesible para nosotros a través del resplandor de Jesús:

Te mando delante de Dios, que da vida a todas las cosas, … el único que tiene inmortalidad y habita en luz inaccesible; a quien ningún hombre ha visto ni puede ver. A Él sea la honra y el dominio eterno. Amén. 1 Tim 6:13a;16

Jesucristo va a ser nuestra luz en la Nueva Jerusalén, pues vemos en Él y a través de Él a Dios:

*La ciudad no tiene necesidad de sol ni de luna que la iluminen, porque la gloria de Dios la ilumina, y **el Cordero es su lumbrera**. Ap 21:23*

*Y ya no habrá más noche, y no tendrán necesidad de luz de lámpara ni de luz del sol, porque **el Señor Dios los iluminará**, y reinarán por los siglos de los siglos. Ap 22:5*

El traspasado

En Zacarías, Dios habla proféticamente:

*Profecía de la palabra del Señor (Yahvé) ... Y derramaré sobre la casa de David y sobre los habitantes de Jerusalén, el Espíritu de gracia y de súplica, y **me mirarán a mí**[23], a quien han traspasado. Y se lamentarán por El[24], como quien se lamenta por un hijo único, y llorarán por El, como se llora por un primogénito. Zac 12:1a,10*

En las Escrituras (Juan 19:37; Apocalipsis 1:7), Juan aplica este pasaje directamente a Jesucristo.»

1.5 Resumen

Agradezco a todos los participantes de la discusión por sus aportes. Lamentablemente, el tiempo ha obrado nuevamente poniendo un límite e intentaré resumir todo de manera gráfica.

El Logos no fue creado[25]: Tampoco es más pequeño que Dios Padre, la primera Persona de la Trinidad. En la Trinidad no hay rivalidad ni jerarquía. Hay solo armonía y amor. Antes de que Dios hubiese creado el universo, las tres Personas de la Trinidad decidieron, de común y total acuerdo, que el

---

[23] ¡Aquí habla Dios Yahveh de sí mismo!

[24] ¡Aquí indica al hombre Jesús quién dejó su vida inmaculada!

[25] Tal como lo enseñan el arrianismo, los Unitarios, los Testigos de Jehovah y algunos otros.

Logos se entregara como cordero para ser inmolado por los hombres.

... sabiendo que no fuisteis redimidos de vuestra vana manera de vivir heredada de vuestros padres con cosas perecederas como oro o plata, sino con sangre preciosa, como de un cordero sin tacha y sin mancha, la sangre de Cristo. Porque Él estaba preparado desde **antes de la fundación del mundo***, pero se ha manifestado en estos últimos tiempos por amor a vosotros que por medio de Él sois creyentes en Dios, que le resucitó de entre los muertos y le dio gloria, de manera que vuestra fe y esperanza sean en Dios. 1 Pe 1:18-21*

Cuando el Logos se hizo hombre, se humilló, se despojó de sí mismo y se colocó como hombre voluntariamente en una jerarquía:

Pero quiero que sepáis que la cabeza de todo hombre es Cristo, y la cabeza de la mujer es el hombre, y la cabeza de Cristo es Dios. 1 Cor 11:3

En el siguiente gráfico encuentra un resumen de las verdades de Filipenses 2:5-10:

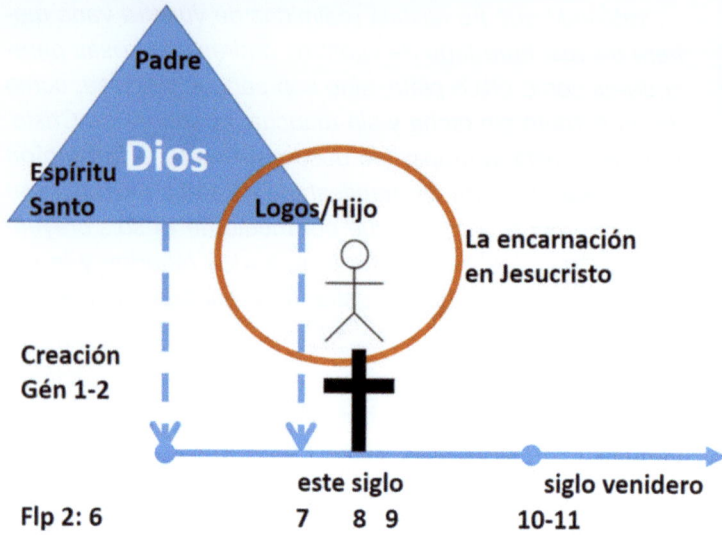

Antes de la creación no existía el tiempo. Solo existía Dios, en armonía y amor, pues Dios es amor (1 Jn 4:8). Si no hubiese tres hipóstasis o personas en la Divinidad, el amor tampoco podría expresarse. Este siglo[26] en el que estamos viviendo se inició con la Creación en Génesis 1-2 y durará hasta que Dios lo finalice con el juicio final e inaugure el siglo venidero con un nuevo cielo y una nueva tierra (véase Ap 21-22). Ese siglo venidero ya no tendrá fin, será eterno. La expresión "por los siglos de los siglos" no significa que habrá diversos siglos consecutivos en el futuro[27]. Es recurso retórico de estilo para expresar lo inconcebible: un tiempo que no tendrá fin o en otras palabras: ya no habrá tiempo.

---

[26] gr. aion; Jesús usó estos términos por ejemplo en Mt 12:32

[27] En las enseñanzas de la apocatástasis, que piensan que al final todos se salvarán, se afirma esto.

Preguntas personales

¿Tiene usted reparos contra la preexistencia de Jesucristo como el Logos eterno en la segunda persona de la Divinidad? Si la respuesta es afirmativa, ¿qué le impide aceptar los pasajes bíblicos expuestos? ¿Qué otros reparos o argumentos hay? El autor recibirá con gusto también correspondencia.

¿Tiene usted una relación viva con Jesucristo? Si no es así, ¿qué es lo que está bloqueando la aceptación de los mensajes bíblicos sobre este milagroso Dios Salvador?

¿Se ha sentido usted conmovido por las explicaciones y los pasajes bíblicos? ¿Ha habido un cambio en la relación entre usted y Jesús? ¿Ha cobrado Jesucristo mayor magnitud o se ha hecho más cercano? ¿Tiene algún efecto en su vida de oración personal?

¿Han modificado la lectura y la reflexión su forma de leer el AT? ¿Puede usted ahora distinguir mejor entre las personas divinas en el AT?

2 El Logos se hizo carne

Lectura de la Biblia:
Salmos 2; Isaías 6-12; Mateo 1-2; Lucas 1-2, Juan 1

~~~~~~~~~~~~~~~~~~~~

*Y el **Verbo (Logos) se hizo carne**, y habitó entre nosotros, y vimos su gloria, gloria como del unigénito del Padre, lleno de gracia y de verdad. Jn 1:14*

*Y el nacimiento de Jesucristo fue como sigue. Estando su madre María desposada[28] con José, antes de que se consumara el matrimonio, se halló que había **concebido por obra del Espíritu Santo**. Mt 1:18*

~~~~~~~~~~~~~~~~~~~~

Los versículos anteriores son el punto de partida para la segunda ronda de discusión. Estos dos pasajes bíblicos dan pie a una nueva tesis:

En Jesucristo, Dios tomó forma humana al ser engendrado por el Espíritu Santo en la Virgen María: una Persona, dos naturalezas puras, o sea, hombre pleno, pero sin menoscabo de su naturaleza divina.

2.1 Nacido de la Virgen María

Incrédula abre la discusión con una afirmación provocadora: «El nacimiento virginal es un cuento de viejas. Eso ya no lo cree nadie en el mundo ilustrado actual.»

Mi fiel compañero Verídico intenta salir al cruce de esta afirmación: «La Encarnación es posiblemente uno de los mayores milagros: Dios asume la forma de su criatura, el hombre.

---

[28] comprometida para casarse, pero todavía no conviviendo y no teniendo relaciones sexuales

Estamos intentando a través de las Escrituras aproximarnos un poco más a este misterio.

En la anterior ronda de discusión hemos reflexionado sobre la preexistencia de Jesucristo en la segunda Persona de la Trinidad, o sea el Logos. En Juan 1:14, el evangelista nos dice con palabras sencillas que este Logos eterno se hizo carne, una expresión para decir hombre. Esto implica un despojo de sí mismo como Dios, una auto-humillación. El creador toma el aspecto de la criatura y oculta su espléndida magnificencia. La mayor parte de las personas de su tiempo no reconocieron quién era Él en verdad. Solo vieron al carpintero de Nazaret (Mc 6:3). Aun hoy día, la mayor parte de las personas ven en Jesús solo a una persona buena y ejemplar, y al fundador de la religión cristiana.

El despojarse de sí mismo, tal como está descrito en Filipenses 2, suscita la pregunta de si el Logos ha dejado partes de sus atributos divinos en el cielo. La llamada teología kenótica[29] contesta que sí. Sin embargo, la teología ortodoxa ha dicho siempre que no. Jesucristo, en tanto Hijo de Dios con Su naturaleza divina, tiene todos Sus atributos divinos, con lo cual es completamente consustancial con Dios Padre y con el Espíritu Santo.

En el AT, la llegada de Dios en la forma del Mesías ya es anunciada por medio del nacimiento virginal. En el así llamado protoevangelio[30] leemos en la Palabra de Dios:

Y pondré enemistad entre tú y la mujer, y entre tu simiente y su simiente; él te herirá (aplastará) en la cabeza[31], y tú lo herirás en el calcañar[32]. Gén 3:15

---

[29] del griego kenosis - despojarse, vaciarse

[30] el primer evangelio o la primera mención del evangelio

[31] una profecía de la final derrota del diablo: Ap 12:7-9;20:1-2;7-10

[32] una alusión a la muerte en la cruz

La expresión decisiva es en "la simiente suya". En cualquier otro caso se habla de la simiente del varón. Simiente es una expresión bíblica para significar descendientes. Aquí, el Espíritu de Dios usa conscientemente la palabra "suya", y en singular, o sea, el descendiente de Eva, la mujer. Así, el futuro Salvador es simiente de la mujer, no del varón.

Ciertamente anunciaré el decreto del Señor que me dijo: "Mi Hijo eres tú, yo te he engendrado hoy." Sal 2:7

En el salmo 2, David toma el tema de la filiación divina del rey que depende de Dios. El Espíritu de Dios ha hablado proféticamente, a través de él, acerca de Jesucristo. Dios Padre dice aquí al Logos, previendo el momento milagroso de la concepción virginal por el poder del Espíritu Santo en María: "Mi hijo eres tú, yo te engendré hoy". A partir de este momento de la concepción existe la relación de Padre e Hijo, la subordinación y dependencia intencionada (véase 1 Cor 11:3). Su infinita sustancia divina es ahora unida a la finita naturaleza humana.

*Por tanto, el Señor mismo os dará una señal: He aquí, **una virgen concebirá** y dará a luz un hijo, y le pondrá por nombre Emmanuel. Is 7:14*

Isaías hizo esta profecía más de 700 años antes del nacimiento de Jesús. Los rollos de las escrituras de Isaías, encontrados en Qumrán, son una copia escrita más de 100 años antes de Cristo. La palabra hebrea para doncella podía significar una mujer joven (no casada) o una virgen. Los traductores de la Septuaginta (la traducción griega del AT) optaron por virgen siendo este el sentido considerando al contexto. De este modo queda probado que este versículo no fue adaptado con posterioridad por los cristianos. En la Antigüedad, los nombres decían siempre algo acerca del carácter o de lo que los padres deseaban de su hijo. El Hijo de Dios recibió Jesús como nombre de pila (véase Mt 1:21), que viene del hebreo y significa "Dios (Yahveh) es Salvador".

Emmanuel es, por decirlo así, un sobrenombre que expresa Su Divinidad. No es solamente que Jesús fue bendecido especialmente por Dios y que a través de su presencia se hicieron visibles y cercanos ciertos atributos de Dios o que la bendición de Dios se hizo especialmente tangible. No. Emmanuel significa que Dios mismo moró entre los hombres. Un milagro que no podemos comprender en lo más profundo.

Otro indicio indirecto de la concepción virginal está en la maldición que lanzó Dios contra Jeconías[33]:

Así dice el Señor: "Inscribid a este hombre[34] como sin hijos, hombre que no prosperará en sus días; porque ninguno de sus descendientes logrará sentarse sobre el trono de David ni gobernar de nuevo en Judá." Jer 22:30

En la genealogía de José aparece Jeconías (Mt 1:11). Pero como José es solo el padre legal, no biológico, esta profecía se cumplió literalmente y de forma misteriosa.

En el NT, la concepción virginal es claramente testificado tanto por Lucas como por Mateo:

Y al sexto mes, el ángel Gabriel fue enviado por Dios a una ciudad de Galilea llamada Nazaret, a una virgen desposada con un hombre que se llamaba José, de los descendientes de David; y el nombre de la virgen era María. Y entrando el ángel, le dijo: ¡Salve, muy favorecida! El Señor está contigo; bendita eres tú entre las mujeres. Pero ella se turbó mucho por estas palabras, y se preguntaba qué clase de saludo sería éste. Y el ángel le dijo: No temas, María, porque has hallado gracia delante de Dios. Y he aquí, concebirás en tu seno y darás a luz un hijo, y le pondrás por nombre Jesús. Este será grande y será llamado Hijo del

---

[33] vea el contexto histórico bajo 2 reyes 24:8-16

[34] hablando de Jeconías según el versículo 24

*Altísimo; y el Señor Dios le dará el trono de su padre David; y reinará sobre la casa de Jacob para siempre, y su reino no tendrá fin. Entonces María dijo al ángel: ¿Cómo será esto, **puesto que soy virgen**? Respondiendo el ángel, le dijo: **El Espíritu Santo vendrá sobre ti, y el poder del Altísimo te cubrirá con su sombra**; por eso el santo Niño que nacerá será llamado Hijo de Dios. Lc 1:26-35*

María tenía, como los demás seres humanos y de acuerdo con Romanos 3:9-20, una naturaleza pecaminosa. Sin embargo, estaba justificada por su fe sincera en el Dios verdadero. También vivía en temor de Dios e íntima comunión con Dios. Fue elegida por Dios para este especial servicio, por lo cual se transformó en una mujer especialmente bendecida (Lc 1:42). Pero es importante afirmar nuevamente que la doctrina de la inmaculada concepción[35] es falsa. La Biblia no da ningún indicio de que María haya estado libre de pecado original. Ella misma reconocía, en el conocido Magníficat[36], que Dios el Señor es su Salvador, al cual no necesitaría si estuviese libre de pecado:

Entonces María dijo: Mi alma engrandece al Señor, y mi espíritu se regocija en Dios mi Salvador. Lc 1:46-47

Más adelante, durante la construcción y expansión de la comunidad, ya no tuvo ninguna tarea especial más. Tampoco ascendió a los cielos[37], sino que murió como todos los demás discípulos. Ahora forma parte de la grey de las almas

---

[35] En la iglesia católica romana, basándose en tradiciones desde el décimo siglo, esto fue elevado a ser un dogma por el Papa Pío IX en 1854.

[36] Este término es del latín: «Magnificat anima mea Dominum»: Mi alma alaba al Señor (Lc 1:46-55).

[37] Hay testimonios de esta falsa doctrina por primera vez en el sexto siglo. En 1950 Papa Pío XII lo elevó como dogma de la iglesia. La respectiva fiesta es cada año el día 15 de agosto.

redimidas en el cielo y no tiene ninguna función de mediadora. Nuestro único mediador entre los hombres y Dios sigue siendo Jesucristo (1 Tim 2:5). Tampoco podemos rezarle. Nosotros oramos, conforme a lo dicho en la Biblia, a Dios, a Dios Padre y a Jesucristo.

Estaba comprometida con José. Y como ambos querían ser puros ante Dios, tampoco se unieron sexualmente. María sabía muy bien de qué manera se engendraban y venían al mundo los hijos. Es por ello que se justificaba la pregunta de cómo sucedería aquello, ya que era aún virgen. Es ahí que se le revela que la concepción tendrá lugar de forma sobrenatural, o sea, a través del Espíritu Santo. Cómo funcionó eso genéticamente es algo que no nos ha sido revelado, y yo pienso que tampoco tenemos por qué saberlo. El hecho es que Jesús es perfectamente hombre.

Jesús es el único hombre al que no le fue transmitido el pecado como algo hereditario. Solo de esa manera pudo, como Cordero inmaculado[38], convertirse en sacrificio por nosotros.

Y dio a luz a su hijo primogénito; le envolvió en pañales y le acostó en un pesebre, porque no había lugar para ellos en el mesón. Lc 2:7

El Creador del Universo, por medio del cual, y para el cual se ha creado todo, según Colosenses 1:16, yace, hecho un niño menesteroso envuelto en pañales, en un pesebre. No había lugar para Él. Muy trágico, por un lado. Por el otro, qué milagro de humillación.

El informe de Mateo 1:18-25 muestra la misma situación más desde el punto de vista de José. El hecho de que no era el padre queda expuesto en su intención de separarse de María. Más tarde Pablo es muy exacto cuando escribe:

---

[38] Los siguientes pasajes muestran que Jesucristo es sin pecado: Jn 8:46; 2 Cor 5:21; Heb 4:15; 1 Pe 2:22.

*Pero cuando vino la plenitud del tiempo, Dios envió a su Hijo, **nacido de mujer**, nacido bajo la ley, Gál 4:4*

No solamente ahora hay mucha gente que no cree que Jesús ha sido engendrado por Dios de modo sobrenatural. También en los tiempos de Jesús la mayoría pensaba que José y María se habían unido sexualmente antes y que luego, cuando el niño estaba en camino, se casaron. Esto se expresa también en la alusión de los líderes judíos:

Ellos le dijeron: Nosotros no nacimos de fornicación; tenemos un Padre, es decir, Dios. Jn 8:41b

Jesús les deja en claro que su corazón rebelde muestra que son hijos espirituales del diablo. Para justificarse, señalan su ventaja respecto de Jesús: "Nosotros no somos nacidos de fornicación como tú, por ello ¿qué es lo que nos quieres enseñar?»

2.2 Cuatro informes evangélicos

Escéptico volvió a tomar la palabra: «La Biblia contiene cuatro informes parcialmente contradictorios sobre Jesús. ¿Cómo se puede estar seguro de qué cosa es verdad?»

Severo se encarga gustosamente del tema: «Cuatro informes biográficos nos dan información sobre la vida de Jesús en esta tierra. Cada uno de estos evangelios tiene un determinado foco o punto central. No se contradicen, sino que se complementan:

- **Mateo:** Él muestra a Jesús sobre todo como el nuevo Moisés[39], el Rey de los Judíos, como hijo legal de

---

[39] vea la paralela de la matanza de los niños (Ex 1 - Mt 2), el éxodo del pueblo de Israel bajo el mando de Moisés y el regreso de Jesucristo de Egipto (Mt 2), la profecía del profeta que iba a venir (Dt 18:15), el servicio público de Jesús como «él profeta», la ley dada a

José con derecho al trono de David[40] y, con ello, hijo o retoño (según Is 11:1) de Isaí[41]. Los capítulos 1 y 2 iluminan la época del nacimiento de Jesús y sus circunstancias concomitantes desde el punto de vista de José o con interés en el Reino.

- **Marcos:** Él muestra a Jesús ante todo como infatigable servidor de Dios. El evangelio no menciona el nacimiento del Niño Jesús, sino que comienza directamente con su servicio público.

- **Lucas:** Él muestra a Jesús primordialmente como hombre, Hijo del hombre, Hijo de David según el linaje humano[42], hijo de María. Los capítulos 1 y 2 tratan las condiciones del nacimiento de Jesús desde el punto de vista de María para mostrar que Jesús es verdadero hombre. El capítulo 3 nos relata significativamente el árbol genealógico de Jesús pasando por María hasta llegar a Adam, el primer hombre creado directamente por Dios.

- **Juan:** Él muestra a Jesús sobre todo como el Hijo de Dios. En este evangelio no se dan detalles sobre el nacimiento, sino que se demuestra que el Logos eterno (segunda Persona de la Divinidad) se hizo carne (o sea, hombre).

Es como la declaración de un testigo de un accidente. Cada participante tiene una postura diferente y percibía de modo

---

Moisés comparada con la aplicación en el sermón del Monte (Mt 5-7) y otras paralelas más

[40] vea la genealogía del cap. 1 que va partiendo de Abraham por David y Salomón por la línea real

[41] Isaí (Jesse, hebr. Jischaj) era el padre de David

[42] También por la línea de María Jesús es hijo de David de acuerdo a la genealogía de Lucas 3:23-38.

parcialmente distinto los acontecimientos. En la mayoría de los casos, las aparentes contradicciones pueden explicarse sencillamente cambiando el punto de vista. En tal sentido, cabe destacar que los autores de los evangelios no redactaron un informe policial, sino que, guiados por el Espíritu Santo, dejaron sentado lo que es relevante para el carácter del evangelio. La mayoría de las aparentes contradicciones en los evangelios tienen una explicación satisfactoria.

La encarnación de Jesús es un milagro original y único. No podemos entenderlo completamente mediante la razón. El eterno Logos de Dios se hizo hombre, con lo cual Jesucristo es tanto 100% hombre como 100% Dios. Una persona, pero dos naturalezas puras, la divina e ilimitada y la humana y limitada. Su encarnación está directamente ligada al objetivo de Su vida:

*Mas el ángel les dijo: No temáis, porque he aquí, os traigo buenas nuevas de gran gozo que serán para todo el pueblo; porque os ha nacido hoy, en la ciudad de David, un **Salvador**, que es Cristo el Señor. Lc 2:10-11*

... porque el Hijo del Hombre ha venido a buscar y a salvar lo que se había perdido. Lc 19:10

Yo, la luz, he venido al mundo, para que todo el que cree en mí no permanezca en tinieblas. Jn 12:46

En un futuro hablaremos más profundamente de la función como Salvador en la Pasión de Cristo.»

2.3 Hijo de Dios

Minerva carraspea y objeta: «Que Jesús vivió es algo que parece haber sido demostrado históricamente. Pero la pretensión del Hijo de Dios de ser Dios mismo tiene que ser considerada anticuada desde la investigación histórico-crítica sobre Jesús.»

Timoteo se siente desafiado por esta afirmación: «Por cierto que es cuestión cómo juzgamos sobre la Biblia respecto a su infalibilidad. Los cristianos de una fe ortodoxa[43], entre ellos también los evangélicos, creen que los autores de los libros bíblicos fueron inspirados por el Espíritu Santo y que Dios mismo veló sobre el texto para que lo tengamos hoy día intacto y sin mayor errores[44]. En mis otras argumentaciones supongo que las Sagradas Escrituras tienen inspiración divina (véase 2 Tim 3:14-17) y son verdad. Observemos las profecías centrales de Isaías sobre el Mesías:

He aquí, una virgen concebirá y dará a luz un hijo, y le pondrá por nombre Emmanuel. Is 7:14

Porque un niño nos ha nacido, un hijo nos ha sido dado, y la soberanía reposará sobre sus hombros; y se llamará su nombre Admirable Consejero, Dios Poderoso, Padre Eterno, Príncipe de Paz. Is 9:5

Y brotará un retoño del tronco de Isaí, y un vástago de sus raíces dará fruto. Y reposará sobre Él el Espíritu del Señor, espíritu de sabiduría y de inteligencia, espíritu de consejo y de poder, espíritu de conocimiento y de temor del Señor. Is 11:1-2

El libro de Isaías es conocido con razón como el evangelio del AT. Habla proféticamente, y con palabras exuberantes, del Mesías que iba de venir, que es Hijo de David por su linaje humano, y al mismo tiempo es Emmanuel (Dios con nosotros), Dios poderoso, Padre Eterno, lo cual se refiere al Fundador o Creador del tiempo creado y ahora eternamente perdurable. En la concepción por el Espíritu Santo, el Logos

---

[43] Los que se apegan a las enseñanzas básicas (doctrinas) que nos fueron transmitidos por los padres de la iglesia.

[44] Varias fallas se han introducido por copiar los textos. Pero la ciencia de la crítica textual nos da la certeza del 99 % que los textos son fidedignos.

se hizo Hijo de Dios por medio del hombre Jesús. Su dependencia del Padre es voluntaria, completa y determinada por el amor divino.

El evangelio de Juan hace foco especialmente en el aspecto de la divinidad de Jesús como Hijo de Dios.

> *Nadie ha visto jamás a Dios; el unigénito Dios, que **está** en el seno del Padre, Él le ha dado a conocer. Jn 1:18*

Aquí no dice "que estaba en el seno del Padre". Está escrito en presente. En Su naturaleza divina Jesucristo estaba siempre en el seno del Padre celestial. Esta misteriosa penetración espiritual fue explicada más tarde por Jesús: "Yo en Él y Él en mí" (véase Jn 14:10).

> *Simón Pedro le respondió: Señor, ¿a quién iremos? Tú tienes palabras de vida eterna. Y nosotros hemos creído y conocido que tú eres el Santo de Dios. Jn 6:68-69*

> *... pero éstas se han escrito para que creáis que Jesús es el Cristo, **el Hijo de Dios**; y para que al creer, tengáis vida en su nombre. Jn 20:31*

La expresión "Hijo de Dios" expresa por un lado la íntima relación entre Jesucristo y Dios Padre. Aquí podemos penetrar con nuestra mirada solo en determinados momentos como, por ejemplo, la oración como sumo sacerdote (Jn 17). Por otro lado, "Hijo de Dios" expresa su naturaleza divina, Su constitución: puro, perfecto, bondadoso y lleno de amor, pero también eterno, todopoderoso, etc. Si nosotros, hombres creyentes en Cristo, somos considerados hijos (hijos e hijas) de Dios, lo somos gracias a la misericordia debida al nuevo nacimiento (véase Jn 1:12; 3:3-8) por la fe solamente. Pero Jesús es "por naturaleza" Hijo de Dios, mientras que nosotros hemos sido hechos hijos de Dios en el espacio y en el tiempo después de nuestro nacimiento natural (véase Rom 8:15).»

2.4 Hijo del Hombre

Pablo, el más joven en la ronda, interviene con una pregunta: «Hemos escuchado sobre el Hijo de Dios. Pero Jesús se denomina varias veces Hijo del Hombre. ¿No hay aquí una contradicción?»

Catalina, compañera nuestra de discusiones muy pendiente de la pureza interna, se siente aludida directamente: «Hijo del Hombre es un título con un profundo significado. Intentaré aclarar esto con un par de pasajes de la Biblia:

*Cuando veo tus cielos, obra de tus dedos, la luna y las estrellas que tú has establecido, digo: ¿Qué es el hombre para que de él te acuerdes, y **el hijo del hombre** para que lo cuides? ¡Sin embargo, lo has hecho un poco menor que los ángeles, y lo coronas de gloria y majestad! Sal 8:3-5*

El autor de la Epístola a los Hebreos se refiere en 2:5-9 explícitamente a Jesús como realización de este Hijo del Hombre mencionado en el salmo 8. Alude a la encarnación y al ser perfectamente hombre, con todas las limitaciones espaciales y temporales que esto implica. Por un breve tiempo Él fue más pequeño que los ángeles poderosos del cielo. Pero después, tal como analizaremos en la resurrección, Jesucristo fue colocado arriba de todo, como hombre resucitado. El título Hijo del Hombre nos explica a Jesús. Él es uno de nosotros, Él nos llama Sus hermanos (véase Mt 25:40; Rom 8:29; Heb 2:11-12; 17). Solo como verdadero hombre pudo ser sacrificio sustituto en el Gólgota.

*Seguí mirando en las visiones nocturnas, y he aquí, con las nubes del cielo venía uno como un **Hijo de Hombre**, que se dirigió al Anciano de Días[45] y fue presentado ante Él. Y le fue dado dominio, gloria y reino, para que todos los pueblos, naciones y lenguas le sirvieran. Su dominio es un*

---

[45] esta expresión quiere decir, al que es desde la eternidad

dominio eterno que nunca pasará, y su reino uno que no será destruido. Dan 7:13-14

Y el sumo sacerdote le dijo: Te conjuro por el Dios viviente que nos digas si tú eres el Cristo, el Hijo de Dios. Jesús le dijo: Tú mismo lo has dicho; sin embargo, os digo que desde ahora veréis al Hijo del Hombre sentado a la diestra del Poder, y viniendo sobre las nubes del cielo. Entonces el sumo sacerdote rasgó sus vestiduras, diciendo: ¡Ha blasfemado! Mt 26:63b-65a

Daniel vio al Hijo del Hombre elevado, que iba de venir para tomar el poder de forma visible para todos. Frente a la élite judía, Jesús claramente se refirió al pasaje de Daniel y tomó para sí el título mesiánico. Ellos no pudieron entender que había llegado el Mesías como sufriente y humillado Hijo del Hombre. Sin embargo, Él ahora es llamado por Dios Padre a ser Juez de los vivos y los muertos (Hch 10:42). Pero antes de juzgar como Hombre enaltecido, Él se humilló y se hizo nuestro servidor:

Porque ni aun el Hijo del Hombre vino para ser servido, sino para servir, y para dar su vida en rescate por muchos. Mc 10:45

Antes de poder ser enaltecido, Él vino para servirnos. No pretendió nada que realmente no Le perteneciera. Todos los autores de los evangelios exponen siempre con palabras sencillas la humanidad de Jesús. Tenía hambre (Mt 21:18), se cansaba (Jn 4:6), lloraba (Jn 11:35): un hombre como nosotros, pero totalmente distinto, pues no tenía pecado:

*Y vosotros sabéis que Él se manifestó a fin de quitar los pecados, y **en Él no hay pecado**.1 Jn 3:5*

***Al que no conoció pecado**, le hizo pecado por nosotros, para que fuéramos hechos justicia de Dios en Él. 2 Cor 5:21*

*Porque para este propósito habéis sido llamados, pues también Cristo sufrió por vosotros, dejándoos ejemplo para que sigáis sus pisadas, el cual **no cometió pecado**, ni engaño alguno se halló en su boca; y quien cuando le ultrajaban, no respondía ultrajando; cuando padecía, no amenazaba, sino que se encomendaba a aquel que juzga con justicia; 1 Pe 2:22*

*Porque no tenemos un sumo sacerdote que no pueda compadecerse de nuestras flaquezas, sino uno que ha sido tentado en todo como nosotros, **pero sin pecado**. Heb 4:15*

Como Hombre único pudo preguntar a sus prójimos y también enemigos:

¿Quién de vosotros me prueba que tengo pecado? Jn 8:46a

Ni siquiera Pilato y Herodes encontraron delito en Él:

... no he hallado ningún delito en este hombre de las acusaciones que hacéis contra Él. Ni tampoco Herodes, ... Lc 23:14b-15a

Jesús fue como Hombre tal como Dios lo había previsto para los hombres. Fue el único hombre perfecto; tampoco podía pecar pues en Él no había ninguna inclinación al pecado. Adán y Eva habían sido creados perfectos; sin embargo, en ellos había la posibilidad de poder pecar, o sea de actuar independientemente y contrario a la voluntad de Dios. Lastimosamente cayeron a la primera tentación que se les presentó. Jesús fue expuesto, como hombre, a las máximas tentaciones, y en las peores circunstancias, pero **no** encontraron en Él un "aliado" (véase Mt 4:1-11; Lc 4:1-13). Él, el segundo y último Adán (véase Rom 5:12-15; 1 Cor 15:45-47), es el hombre que cumplió con todo lo que Dios había planeado para el hombre.

Como Hijo del Hombre, Jesús es el hombre perfecto. Por ello Dios Padre le ha enaltecido sobre todos los hombres como Señor y Juez supremo:

> *Y nos mandó predicar al pueblo, y testificar con toda solemnidad que este Jesús es el que Dios ha designado como Juez de los vivos y de los muertos. Hch 10:42*

> *Y me volví para ver de quién era la voz que hablaba conmigo. Y al volverme, vi siete candelabros de oro; y en medio de los candelabros, vi a uno semejante al **Hijo del Hombre**, vestido con una túnica que le llegaba hasta los pies y ceñido por el pecho con un cinto de oro. Su cabeza y sus cabellos eran blancos como la blanca lana, como la nieve; sus ojos eran como llama de fuego; sus pies semejantes al bronce bruñido cuando se le ha hecho refulgir en el horno, y su voz como el ruido de muchas aguas. Ap 1:12-13*

> *Y miré, y he aquí una nube blanca, y sentado en la nube estaba uno semejante a hijo de hombre, que tenía en la cabeza una corona de oro, y en la mano una hoz afilada. Ap 14:14*

Jesús es, como Hombre, el ejemplo supremo para nosotros, el cual podemos y debemos imitar humildemente en el poder del Espíritu Santo que nos fue dado:

> *Porque os he dado ejemplo, para que como yo os he hecho, vosotros también hagáis. Jn 13:15*

> *Sed imitadores de mí, como también yo lo soy de Cristo. 1 Cor 11:1*

'Hijo del Hombre' es, así, un título para Jesús, para expresar, por un lado, su perfecta humanidad y, por otro lado, señalar que Él es ahora y por siempre, como hombre resucitado, Señor y Juez de todos los hombres.»

2.5 Hijo de David

Pablo continúa directamente la conversación: «Ya que estamos con los títulos de Hijo. He leído en algún lugar que a Jesús le decían 'Hijo de David'. ¿Qué significa este título?»

Este es un caso para nuestro culto Escolástico: «Este título tiene una estrecha relación con el Reino de Israel. El punto de partida es la alianza de Dios con David (2 Sam 7:8-16):

Tu casa y tu reino permanecerán para siempre delante de mí; tu trono será establecido para siempre. 2 Sam 7:8-16

Isaías expone en 11:1-5 la profecía y muestra que este Señor y Rey reinará y juzgará lleno del Espíritu de Dios y con justicia. Miqueas, un compañero de camino de Isaías, señala el lugar de nacimiento que se confirma en Mateo (Mt 2:6):

*Pero tú, **Belén** Efrata, aunque eres pequeña entre las familias de Judá, de ti me saldrá el que ha de ser gobernante en Israel. Y sus orígenes son desde tiempos antiguos, desde los días de la eternidad. Miq 5:1*

Al indicar los orígenes, la palabra de Dios indica al misterio de la unión de lo humano con lo divino. Él es el que viene de la eternidad lo que significa que no fue creado.

Mateo enfoca en su evangelio al Hijo de David:

Libro de la genealogía de Jesucristo, hijo de David, ... Mt 1:1a

Y las multitudes que iban delante de Él, y las que iban detrás, gritaban, diciendo: ¡Hosanna al Hijo de David! ¡Bendito el que viene en el nombre del Señor! ¡Hosanna en las alturas! Mt 21:9

En la época de Jesús, los judíos ansiaban librarse de la injusta esclavitud que padecían bajo los Romanos. El título de 'Hijo de David' unía la esperanza del pueblo de que llegara un rey justo y poderoso de la dinastía real de David.

Así, Hijo de David habla especialmente del derecho al trono real del pueblo de Dios. La antecedencia de David se demuestra en el primer capítulo. Las cualidades y pruebas de su pretensión sobre la base de sus cualidades morales, el poder y la sabiduría divina se exponen a partir del capítulo tres del evangelio de Mateo.

El título de 'Hijo de David' está, así, estrechamente ligado a la espera del Mesías. Jesucristo es el **Mesías** prometido, que significa, traducido del hebreo, **ungido**. Es por ello que decimos también Jesu**cristo**, ya que "Christos" es la palabra griega para ungido. En el AT se ungía a tres clases de autoridades:

- Rey (1 Sam 16:1)
- Sacerdote (Éx 29:7)
- Profeta (1 Re 19:16)

Jesús vino como legítimo Rey de los judíos (Mt 1:1,6; 2:2,6), pero fue rechazado. En este siglo, o sea hasta que Él venga con majestad y gloria, Él es el rey de los corazones, quiere decir, rey de todo aquel que voluntariamente se somete a Él. Recién en Su segunda venida ascenderá, ante todos, al trono de David. Nadie y nada podrán entonces oponerle resistencia. Él será no solo rey de los judíos, sino **Rey de Reyes** (Ap 19:11-16).

Pero Jesús es también nuestro Sumo Sacerdote y es también el Profeta. En una futura ronda de discusión nos ocuparemos de esto más detenidamente.»

2.6 Jesucristo: una Persona - dos Naturalezas

Escéptico no está de acuerdo con lo que se expresó hasta ahora: «Pero eso es en sí una contradicción. La afirmación de que en Jesucristo está presente al mismo tiempo la naturaleza humana y la divina no puede ser cierta desde el punto de vista de la lógica. ¿Cómo pueden coincidir los infinitos atributos divinos con los finitos atributos humanos?»

Severo, en su modo minucioso, admite este reparo: «Para nuestro entendimiento es realmente una paradoja. Pero siempre hay situaciones o circunstancias paradojales que luego, cuando se las observa con más detalle, pueden explicarse[46]. Si Dios ha creado para nosotros todo el universo, entonces no tendría que sorprendernos que su sustancia y su unión con el hombre en la persona de Jesús excedan nuestro entendimiento. En los primeros siglos de la Cristiandad había entre los teólogos eruditos una disputa por la formulación de lo que es muy difícil de entender. En el Concilio de Calcedonia (451 d.C.), los participantes escribieron una declaración que daba el marco para las posteriores reflexiones sobre Jesucristo.

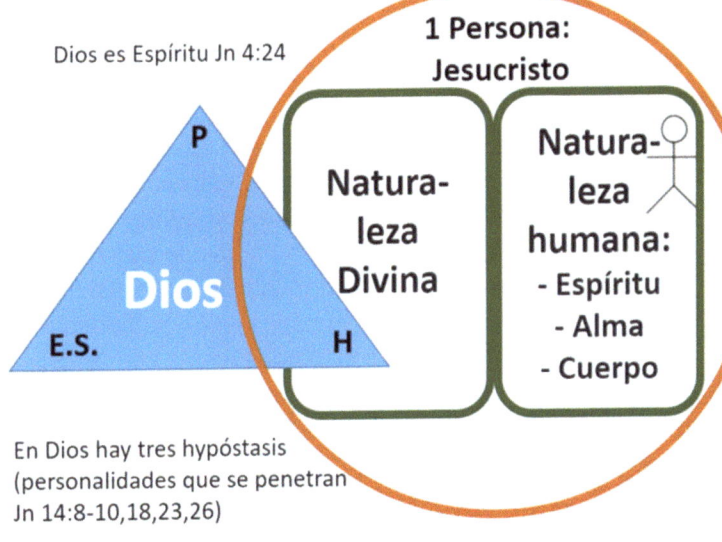

---

[46] Vea por ejemplo el triángulo de Penrose:
es.wikipedia.org/wiki/Triángulo_de_Penrose

El esquema de arriba intenta representar gráficamente el contenido. El Logos eterno ha tomado forma humana y se ha unido para siempre a una naturaleza humana. La **naturaleza divina y la del hombre se hallan cada cual completas y sin embargo sin mezclarse entre sí unidas en una sola persona**. Como hombre, Jesús fue concebido, nació, creció, murió y resucitó. Ahora está en el cielo como hombre enaltecido y físicamente resucitado. No hay ninguna división de la persona. Es siempre Jesucristo el que habla, actúa, decide con voluntad, etc. Según sea la situación, podemos asociar el hecho a una de las dos naturalezas o sea a la divina y la otra a la humana.

Observemos como ejemplo la situación en Mateo 8:23-27. Jesús estaba cansado y se quedó dormido en la barca. Al levantarse una tormenta, los discípulos lo despertaron por miedo. Aquí se muestra la naturaleza humana. Entonces Él dio una orden a las fuerzas de la naturaleza y el viento se calmó y el mar se serenó. Aquí vemos su ilimitado poder como Dios.

Marcos 2:1-12 nos da otro ejemplo que puede servir de ilustración: la curación del paralítico. Jesús fue percibido en Su naturaleza humana tal como era y predicaba entre los hombres. Es entonces que un paralítico es bajado por sus amigos a través del techo hasta quedar delante de Jesús. Imparte el perdón sobre la base de su naturaleza y autoridad divina: «Hijo, tus pecados te son perdonados". Los escribas reaccionaron en su interior siguiendo su lógica. Ellos veían solo al hombre Jesús, pero los pecados solo los puede perdonar Dios. Mas Jesús dice: "Y conociendo luego Jesús en su espíritu que cavilaban de esta manera dentro de sí mismos". También puede verse aquí la naturaleza divina, solo Dios puede leer realmente los pensamientos. Como prueba de su divinidad ordenó al paralítico que se levantara y se marchara a su casa llevándose su lecho.

Durante siglos y hasta la actualidad ha sido refutada por unos u otros esta doctrina, esencial para nuestra fe, de una Persona y dos Naturalezas puras. A continuación, se exponen brevemente las variaciones:

Naturaleza divina y humana mezcladas

Teniendo como marco las rivalidades entre el patriarcado de Alejandría y el de Antioquía, esta cuestión fue intensa y acaloradamente discutida en el siglo V d.C. La postura del así llamado monofisismo[47] es que la naturaleza divina y la humana se unieron en Jesucristo formando una única naturaleza híbrida (mezclada). Fue de esta forma que acaeció el primer cisma en la Iglesia del Oriente. Algunas Iglesias ortodoxas como, por ejemplo, la Iglesia Copta o la Iglesia Ortodoxa Tewahedo de Etiopía pertenecen a este grupo.

La suposición de que Jesús, después de Su resurrección en la naturaleza humana adoptó nuevamente atributos divinos como, por ejemplo, la ubicuidad[48], es una variación de este punto de vista y llevó a serias controversias, tal como sucedió entre Lutero[49] y Zuinglio[50]. Lutero suponía que Jesús podía estar físicamente en diversos lugares al mismo tiempo enseñando que en la eucaristía[51] las sustancias del cuerpo y

---

[47] del griego monos - único; physis - naturaleza

[48] quiere decir, que puede estar en todos los lugares, o sea omnipresencia

[49] Martin Lutero, reformador alemán, que poniendo en el 1517 las 95 tesis en la puerta de Wittenberg inició la Reforma Protestante en Alemania

[50] Ulrico Zuinglio (Huldrych Zwingli en alemán), reformador suizo que trabajó en Zúrich hasta 1531.

[51] la Santa Cena según el mandato de Jesús (Lc 22:14-20; 1 Cor 11:17-32)

la sangre de Cristo coexisten con las del pan y el vino[52]. Por su parte, Zuinglio suponía que Jesús está como Hombre en el cielo, la presencia es solo en espíritu y el pan y el vino son meros símbolos haciendo acuerdo de la obra de Cristo. Esto es el punto de vista de la mayoría de los evangélicos.

Dos Personas separadas: la divina y la humana

En el siglo V d.C. hubo una confrontación con Nestorio. Él afirmaba que en el cuerpo de Jesús hubo tanto la personalidad divina como la humana, sin mezclarse en absoluto. La Iglesia Asiria de Oriente tomó partido por Nestorio y, como consecuencia, se distanció especialmente de la doctrina del monofisismo y del concepto de Madre de Dios para María.

Un ser celestial creado que fue unido con la naturaleza humana

Una de las primeras disputas cristológicas del siglo IV d.C. fue el arrianismo. Arrio (250-336) sostenía que el Logos de Dios había sido creado como primer ser espiritual similar a Dios. Es por ello que suponen que Jesucristo no es consustancial a Dios Padre, o sea que Jesús sea Dios mismo. Los Testigos de Jehovah y los Unitaristas sostienen actualmente una doctrina similar.

Solo naturaleza divina

Esta doctrina apareció ya en la época de los apóstoles. Tomó elementos de la filosofía platónica, según la cual lo terrenal/carnal es bajo o malo, y lo espiritual es bueno. Según esta visión, Jesús tenía solo un cuerpo aparente. Diversos movimientos como el gnosticismo, el docetismo y el maniqueísmo la defendieron en los primeros siglos del cristianis-

---

[52] la llamada doctrina de la consustanciación de la eucaristía que mantiene la iglesia luterana hasta hoy día

mo. En la actualidad, es sostenida por la Ciencia Cristiana y algunos movimientos de la Nueva Era.

Solo naturaleza humana

Según esta postura, no hay preexistencia del Logos que se hizo carne. En este contexto hay diversos matices doctrinarios. Según este parecer, Jesús tiene una relación ideal con Dios, pero no es, en sí, igual a Dios. Él es solo un buen ejemplo y un mensaje de Dios para nosotros. Conceptos como concepción virginal, sacrificio en la cruz, resurrección corporal son vaciados de contenido literal y entendidos como símbolos que transmiten mensajes espirituales. En la actualidad sostienen esta postura especialmente los defensores de la teología liberal en su búsqueda del Jesús histórico.

A modo de resumen, solo quiero aclarar que la comprensión bíblica de la Persona de Jesucristo es decisiva para la relación y la redención en Él.»

2.7 ¿Por qué el Logos tuvo que hacerse hombre?

«Estas fueron explicaciones fascinantes», dice Agnóstico, «pero ¿qué objetivo habrá perseguido Dios al volverse hombre? ¿Qué sentido tiene?»

Hacía tiempo que Justo quería tomar la palabra: «Gracias por esa pregunta. Esto me da la oportunidad de señalar algunas de las tareas más importantes de Jesucristo.

Sacrificio sustituto

Todos los hombres somos culpables ante Dios. El camino que lleva a Dios está obstruido por el pecado. Pablo lo resume de la siguiente manera:

> *... porque no hay distinción; por cuanto todos pecaron y no alcanzan la gloria de Dios. Rom 3:22b-23*

El pecado conduce a la esclavitud y finalmente a la muerte. Desde el origen del mundo, Dios mostró el principio de sustitución. Para que Adán y Eva pudieran estar vestidos, Dios mató animales para, de esa manera, hacer vestimenta con su piel (Gén 3:21). Caín y Abel sabían de la víctima sustituta (Gén 4). ¿Quién puede ser, pues, la víctima sustituta para nosotros, los hombres? Dado que estamos hechos de carne y sangre, el sacrificio tiene que ser un hombre. Como la falta contra Dios existe y abarca a todos los hombres, esta ofrenda debe presentar dimensiones eternas, lo cual hace referencia a Dios mismo. De este modo, se llega a la conclusión que el único sacrificio digno y válido tiene que ser tanto un hombre sin pecado como también Dios mismo.

> *Porque si la sangre de los machos cabríos y de los toros, y la ceniza de la becerra rociada sobre los que se han contaminado, santifican para la purificación de la carne, ¿cuánto más la sangre de Cristo, **el cual por el Espíritu eterno se ofreció a sí mismo sin mancha a Dios,** purificará vuestra conciencia de obras muertas para servir al Dios vivo? Heb 9:13-14*

> *Porque Cristo no entró en un lugar santo hecho por manos, una representación del verdadero, sino en el cielo mismo, para presentarse ahora en la presencia de Dios por nosotros, y no para ofrecerse a sí mismo muchas veces, como el sumo sacerdote entra al Lugar Santísimo cada año con sangre ajena. De otra manera le hubiera sido necesario sufrir muchas veces desde la fundación del mundo; pero ahora, **una sola vez** en la consumación de los siglos, se ha manifestado para destruir el pecado por el sacrificio de sí mismo. Heb 9:24-26*

El motivo básico era el servirnos a todos nosotros, o sea, entregar por nosotros su vida sagrada (Mc 10:45). El "rescate" es el precio con el que podía ser liberado de una pena una persona que había sido hallada culpable.

Para ser mediador entre Dios y los hombres

Job quería pelear con Dios. Sin embargo, tiene en claro que no había árbitro entre él y el Todopoderoso (véase Job 9:33). Como todo hombre es pecador, ninguno puede mediar entre nosotros y Dios. Por eso Dios se hizo hombre:

*Porque hay un solo Dios, y también un **solo mediador** entre Dios y los hombres, **Cristo Jesús hombre**, quien se dio a sí mismo en rescate por todos, testimonio dado a su debido tiempo. 1 Tim 2:5-6*

Podemos por ello ahora acercarnos en fe y sumisión confiadamente a Dios Padre en el nombre de nuestro Señor Jesucristo (Jn 14:13-14; Heb 4:16).

Para ser nuestro ejemplo

Jesús ha cumplido, con Su vida, la idea que Dios tenía originalmente para los hombres. Vivió exactamente como lo quería Dios, en completa dependencia del Padre celestial. De este modo se ha convertido en el ejemplo que debemos imitar:

El que dice que permanece en Él, debe andar como Él (Jesús) anduvo. 1 Jn 2:6

*Porque para este propósito habéis sido llamados, pues también Cristo sufrió por vosotros, **dejándoos ejemplo** para que sigáis sus pisadas. 1 Pe 2:21*

Para tener, como Sumo Sacerdote celestial, compasión y comprensión de nosotros

Ahora Jesús está en el cielo y nos defiende ante Dios Padre:

*Hijitos míos, os escribo estas cosas para que no pequéis. Y si alguno peca, **Abogado** tenemos para con el Padre, a Jesucristo el justo. 1 Jn 2:1b*

La función del sacerdote es interceder por otros ante Dios. Así, Jesucristo es el Abogado y el Sumo Sacerdote en el cielo. Como Él vivió en esta tierra como hombre, puede sentir con nosotros y entender lo que significa estar expuesto a la tentación.

Por tanto, tenía que ser hecho semejante a sus hermanos en todo, a fin de que llegara a ser un misericordioso y fiel sumo sacerdote en las cosas que a Dios atañen, para hacer propiciación por los pecados del pueblo. Pues por cuanto Él mismo fue tentado en el sufrimiento, es poderoso para socorrer a los que son tentados. Heb 2:17-18

Para hacer perceptible a nuestros sentidos al Dios invisible

En el segundo mandamiento, Dios prohíbe explícitamente hacer cualquier imagen de Él (Éx 20:4). Dios es Espíritu y, por lo tanto, invisible a nuestros ojos.

*Él (Jesucristo) es **la imagen del Dios invisible**, el primogénito de toda creación. Col 1:15*

Los discípulos podían verlo y tocarlo (1 Jn 1:1). En la eternidad podremos ver a Jesucristo como Hombre enaltecido y como irradiación de Dios (Ap 21:23).

Qué bendición es la venida del Logos eterno como Hombre.»

2.8 Resumen

Con gusto yo, Amadeo[53], resumiré las importantes y fascinantes explicaciones sobre la encarnación. Jesucristo es una Persona única:

*Por lo cual, al entrar Él en el mundo, dice: Sacrificio y ofrenda no has querido, pero **un cuerpo has preparado para mí;** en holocaustos y sacrificios por el pecado no te has complacido. Entonces dije: "He aquí, yo he venido (en*

---

[53] el nombre viene originalmente del griego: Theophilus (theos - Dios, phileo - amar); Amadeus en latín (amare - amar, Deus - Dios)

el rollo del libro está escrito de mi) para hacer, oh Dios, tu voluntad." Heb 10:5-7, citando Sal 40:7-9

- Desde el comienzo de los tiempos, Dios es Padre, Hijo (Logos) y Espíritu Santo.
- Llegado el momento, en un determinado lugar (Nazaret), Jesús Hombre fue concebido en la virgen María por el Espíritu Santo.
- Para ello, el Logos recibió un cuerpo humano con el cual se ha unido por los siglos.
- Así, Jesús Persona es único, ya que tiene tanto la naturaleza divina (que siempre existió) como la naturaleza humana adquirida, que no se han mezclado ni modificado.

Para nuestra investigación sigue habiendo un cierto misterio, que observamos sorprendidos y adoramos en fe.

Preguntas personales

¿En qué puntos ha sentido que su entendimiento ha sido desafiado por la Persona de Jesús en las anteriores explicaciones? ¿En qué cosas no está usted de acuerdo? Con gusto el autor recibirá preguntas y sugerencias.

¿Qué efectos en su relación con Dios tiene este conocimiento?

¿Han aumentado la lectura y la reflexión de este tema su comprensión de leer la Biblia?

¿En qué medida los atributos de nuestro Señor Jesús enriquecen su adoración?

Intente resaltar en la Escritura otras perlas morales del Hijo del Hombre. ¿Qué quisiera imitar usted?

Nombres y Títulos de Jesús

Nombre o Título	Significado	Pasaje Bíblico[54]
Jesús	Hebreo: Yeshúa, Yahvé salva	Mt 1:21
Emmanuel	Hebreo: Dios con nosotros	Mt 1:23
Señor	Griego: kyrie; soberano	Mt 7:21
Verbo	Griego: logos; la expresión de Dios	Jn 1:1
Hijo de Dios	Él es Dios	Mt 16:16
Hijo del Hombre	Él es hombre, descendiente de Adán	Mt 9:6
Hijo de David	Descendiente de David	Mt 1:1
Mesías	Hebreo: el Ungido	Jn 1:41
Cristo	Griego: el Ungido	Mt 1:16
Rabí	Maestro	Mc 9:5
Profeta	Él era el profeta prometido de Deut 18:15, 18	Jn 6:14, Hch 3:22
Cordero de Dios	El sacrificio sustituto para la humanidad	Jn 1:29
Siervo	Siervo de Dios y de la humanidad	Mc 10:45

---

[54] la primera mención en el NT

Sumo Sacerdote	Sacerdote según el orden de Melquisedec	Heb 5:6
Abogado	Intercesor por nosotros	1 Jn 2:1
Nuevo (postrer, último) Adán	El hombre que cumplió con las demandas de Dios	1 Cor 15:45
Luz del Mundo	El que es y da luz espiritual	Jn 8:12
Rey de los Judíos	Rey de Israel	Mt 2:2
Rey de Reyes	Rey del universo	Ap 19:16
Alfa y Omega	Primera y última letra del alfabeto griego	Ap 22:13
Primero y Último	El que es y en el que se culmina todo	Ap 1:17
Principio y Fin	El que origina y finaliza todo	Col 1:18
Estrella resplandeciente de la mañana	Él es nuestra esperanza que va a venir	Ap 22:16

Abreviaturas de los libros bíblicos

Antiguo Testamento		Nuevo Testamento	
Gén	Génesis	Mt	Mateo
Éx	Éxodo	Mc	Marcos
Lev	Levítico	Lc	Lucas
Núm	Número	Jn	Juan
Deut	Deuteronomio	Hch	Hechos
Jos	Josué	Rom	Romanos
Jue	Jueces	1/2 Cor	1/2 Corintios
Rut	Rut	Gál	Gálatas
1/2 Sam	1/2 Samuel	Ef	Efesios
1/2 Re	1/2 Reyes	Flp	Filipenses
1/2 Cró	1/2 Crónicas	Col	Colosenses
Esd	Esdras	1/2 Tes	1/2 Tesalonicenses
Neh	Nehemías	1/2 Tim	1/2 Timoteo
Est	Ester	Tit	Tito
Job	Job	Flm	Filemón
Sal	Salmos	Heb	Hebreos
Prov	Proverbios	Sant	Santiago
Ecl	Eclesiastés	1/2 Pe	1/2 Pedro
Cant	Cantar de los C.	1/2/3 Jn	1/2/3 Juan
Is	Isaías	Jds	Judas
Jer	Jeremías	Ap	Apocalipsis
Lam	Lamentaciones		
Ez	Ezequiel		
Dn	Daniel		
Os	Oseas		
Jl	Joel		
Am	Amós		
Abd	Abdías		
Jon	Jonás		
Miq	Miqueas		
Nah	Nahúm		
Hab	Habacuc		
Sof	Sofonías		
Ag	Ageo		
Zac	Zacarías		
Mal	Malaquías		

Pensamientos sobre la persona de Jesús en alemán del mismo Autor.

ISBN: 978-3-8370-1293-4

amazon.de/Jesus-sehen-Person-Ewigkeit-betrachten/dp/383701293X